Campeones del Super Bowl: Los Chicago Bears

Corredor Gale Sayers

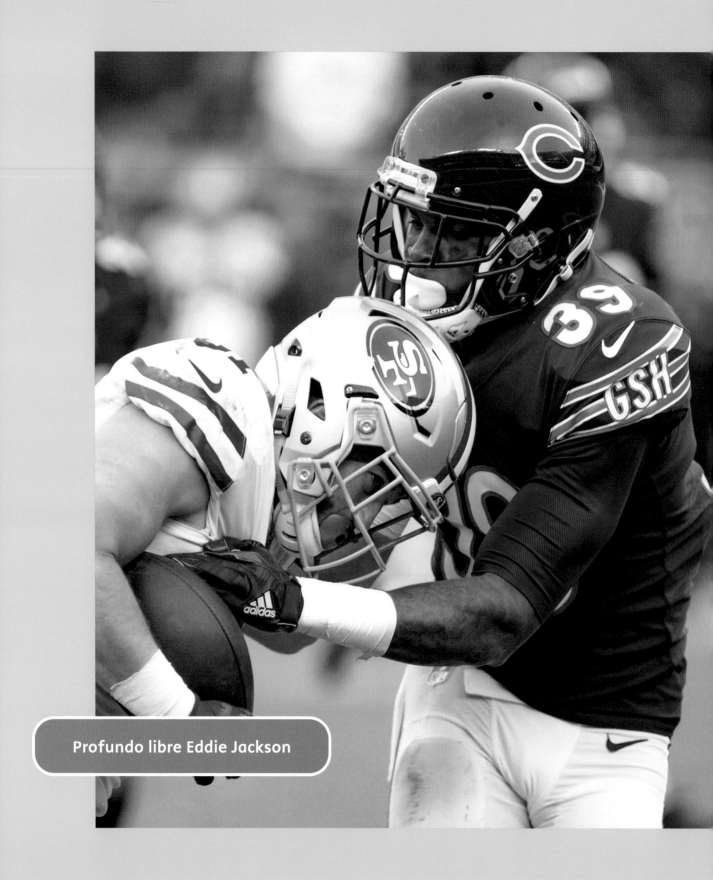

Profundo libre Eddie Jackson

CAMPEONES DEL SUPER BOWL

# LOS CHICAGO BEARS

MICHAEL E. GOODMAN

CREATIVE EDUCATION / CREATIVE PAPERBACKS

Publicado por Creative Education y Creative Paperbacks
P.O. Box 227, Mankato, Minnesota 56002
Creative Education y Creative Paperbacks son marcas
editoriales de The Creative Company
www.thecreativecompany.us

Diseño y producción de Blue Design (www.bluedes.com)
Dirección de arte de Rita Marshall
Traducción de TRAVOD, www.travod.com

Fotografías de Alamy (Cal Sport Media), Getty Images
(Bettmann, Corbis, Jonathan Daniel, Bill Eppridge/Time
Life Pictures, Icon Sportswire, Kidwiler Collection/Diamond
Images, Don Lansu, Al Messerschmidt, Pro Football Hall of
Fame, Rob Tringali/SportsChrome), Unsplash.com (Pedro
Lastra)

Información del Catálogo de publicaciones está disponible
de la Biblioteca del Congreso.
ISBN 978-1-64026-648-3 (library binding)
ISBN 978-1-68277-204-1 (paperback)
ISBN 978-1-64000-789-5 (eBook)

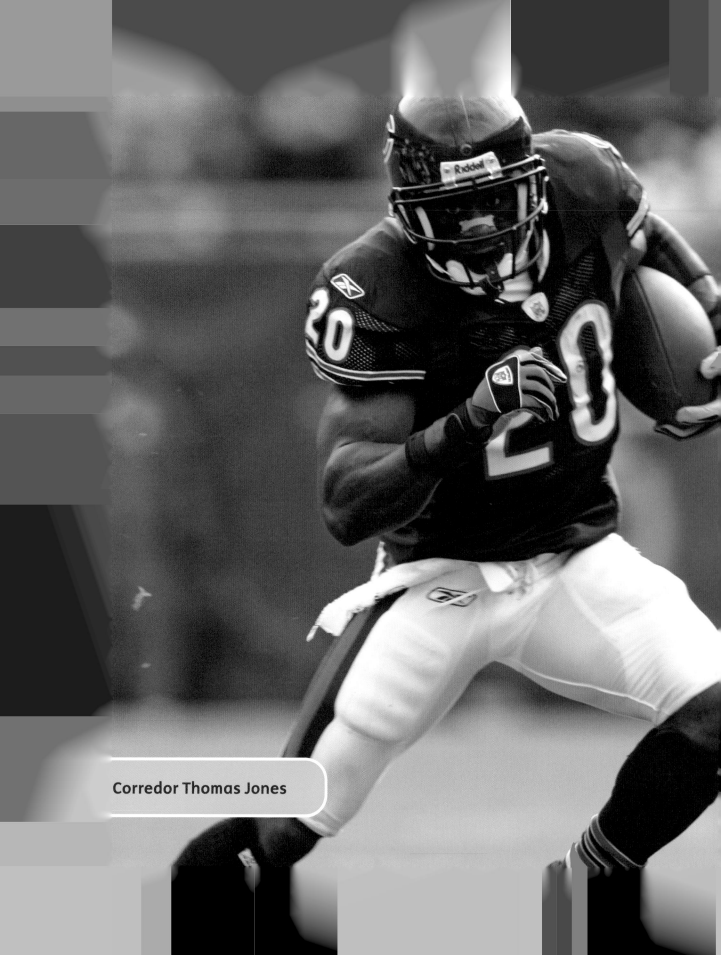

Corredor Thomas Jones

CONTENIDO

# Hogar de los Bears

Chicago, Illinois, es una ciudad muy activa en el Medio Oeste de Estados Unidos. Es famosa por el Navy Pier en el lago Michigan. Chicago es el hogar de un equipo de futbol americano llamado los Bears. Los Bears juegan en el Soldier Field.

Los Bears fueron uno de los primeros equipos de la Liga Nacional de Futbol Americano (NFL). Uno de sus mayores **rivales** son los Green Bay Packers. Todos los equipos de la NFL intentan ganar el Super Bowl. ¡El ganador es el campeón de la liga!

Corredor Matt Forte

# Elegirse el nombre de los Bears

La primera casa en Chicago del equipo fue el Wrigley Field. El equipo de béisbol, lo Chicago Cubs, ya jugaba ahí. El propietario, George Halas, decidió llamar al equipo de futbol americano los Bears u osos. Decía que los osos eran más grandes y más malvados que los cachorros (cubs).

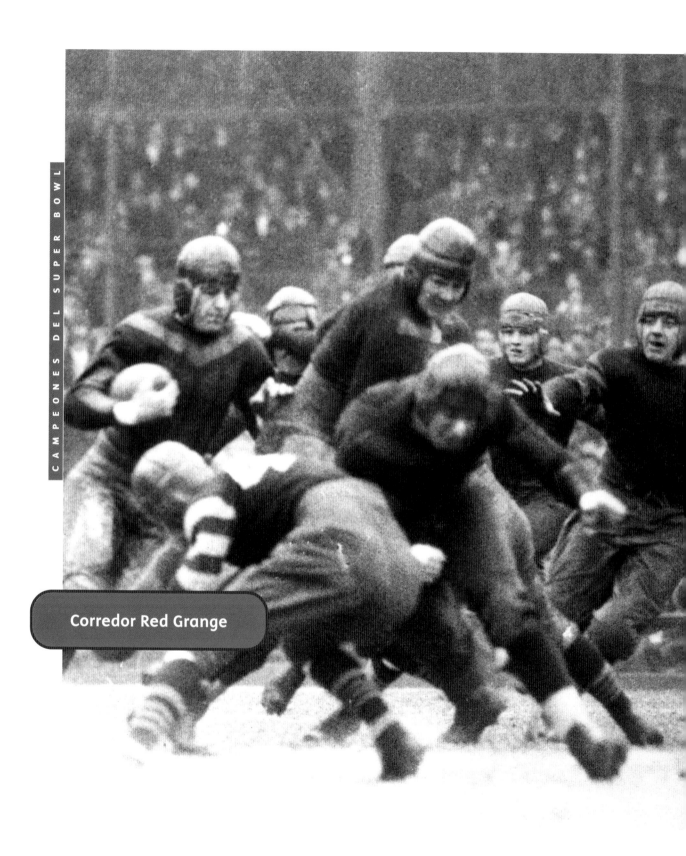

Corredor Red Grange

# Historia de los Bears

El equipo de los Bears tiene más de 100 años. Comenzaron a jugar en 1921. George Halas fue el primer propietario y entrenador del equipo. Le decían "Papa Bear" (papá oso). Llevó a los Bears al campeonato de la NFL tres veces en las décadas de 1920 y 1930.

Los corredores Red Grange y Bronko Nagurski fueron las primeras estrellas de los Bears. Grange era veloz y taclearlo era difícil. Nagurski era potente. Arrasaba sobre la **defensa**.

El *quarterback* Sid Luckman llevó a Chicago a cuatro **títulos** más en la década de 1940.

El juego por el campeonato de 1940 fue increíble. ¡Los Bears aplastaron al equipo de Washington, 73-0! Esa es la mayor cantidad de puntos anotados por un equipo en un juego de la NFL.

Chicago ganó otro campeonato de la NFL en 1963. Después de eso, los Bears perdieron muchos juegos. Aun así, todavía tenían muy buenos jugadores. Gale Sayers y Walter Payton eran corredores veloces.

Quarterback Sid Luckman

*Linebacker* Brian Urlacher

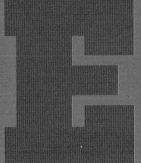**E**n 1985, los Bears no pudieron ser detenidos. Tuvieron un récord de 15–1. Ganaron el Super Bowl XX (20). Vencieron a los New England Patriots, 46-10. Los jugadores grabaron una canción llamada "The Super Bowl Shuffle". ¡Fue un gran éxito!

Los Bears fueron fuertes en 2006. El líder del equipo era el *linebacker* Brian Urlacher. Hizo muchas tacleadas. Esa temporada Chicago llegó al Super Bowl. Devin Hester devolvió el saque inicial para anotar un **touchdown**. Pero los Bears perdieron ante los Indianapolis Colts.

# Otras estrellas de los Bears

**L**os Bears han tenido muchos linebackers poderosos. En la década de 1960, los corredores temían ser tacleados por Dick Butkus. Una vez él dijo: "Yo era **feroz**... era fuerte". El *linebacker* Mike Singletary jugó en el equipo que ganó el campeonato de 1985. Jugó como si estuviera enojado con el otro equipo.

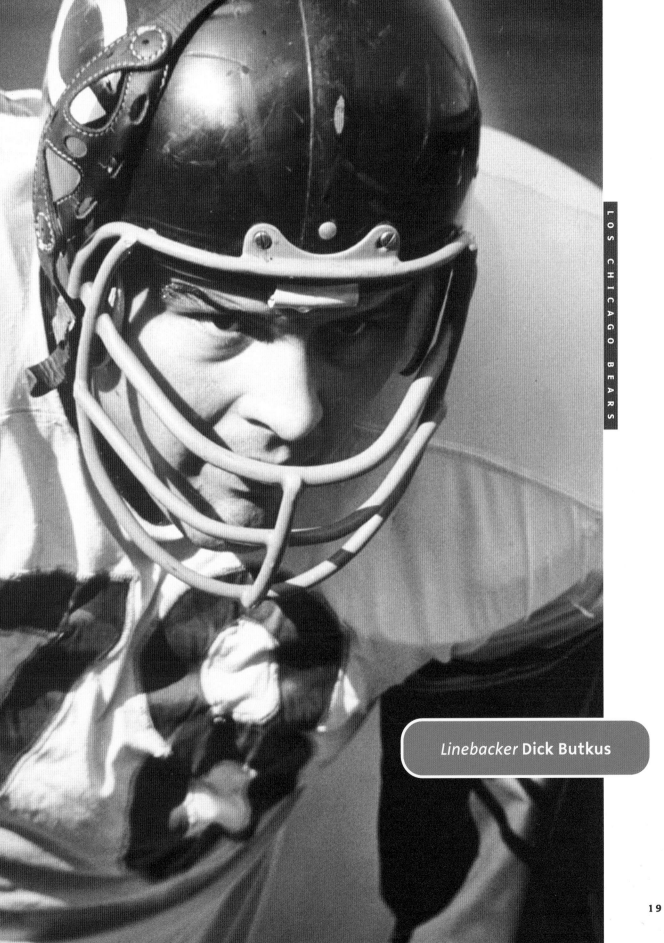

*Linebacker* **Dick Butkus**

Linebacker **Khalil Mack**

En 2017, Chicago agregó al *quarterback* Mitch Trubisky. Al año siguiente, el *linebacker* Khalil Mack se unió a los Bears. Algunas personas piensan que es el mejor jugador defensivo de la NFL. Los fanáticos de los Bears esperan que estas estrellas pronto lleven a Chicago a otro campeonato.

# Acerca de los Bears

Comenzaron a jugar: En 1921

.........................................................

Conferencia/división: Conferencia Nacional,
    División Norte

.........................................................

Colores del equipo: azul marino oscuro y
    naranja

.........................................................

Estadio: Soldier Field

.........................................................

**VICTORIA EN EL SUPER BOWL:**

XX, 26 de enero de 1986, 46–10 contra los
    New England Patriots

.........................................................

Sitio web de los Chicago Bears:
    www.chicagobears.com

.........................................................

# Glosario

**defensa** — los jugadores que intentan evitar que el otro equipo anote

..............................................

**feroz** — cruel o violento

..............................................

**pier** — muelle; un lugar de desembarco para barcos y botes

..............................................

**ofensiva** — los jugadores que controlan el balón e intentan anotar

..............................................

**rivales** — equipos que juegan extra duro unos contra otros

..............................................

**títulos** — en los deportes, es otra palabra para campeonatos

..............................................

**touchdown** — una jugada en la que un jugador lleva atrapa en la zona de anotación del otro equipo para anotar seis puntos

..............................................

Receptor abierto Allen Robinson

# Índice